Ik blijf altijd bij je

SJOERD KUYPER & MARIT TÖRNQVIST

Ik blijf altijd bij je

Amsterdam Antwerpen · Em. Querido's Uitgeverij BV · 2008

Het boek sariloek

Er was er eens een kast sarielast.
Daar zat een meisje in sarielin.
Ze pakte daar een boek sarieloek.
En weet je wat ze las sarielas?

Er was er eens een boom sarieloom.
De boom die had een tak sarielak.
De tak die had een nest sarielest.
Het nest dat had een ei sarilei.
Het ei viel naar benee sarilee.
Daar lag een timmerman sarielan.
Het ei viel op zijn kop sarielop.
Hij pakte toen een zaag sarielaag.
Hij zaagde in het hout sarielout.
Hij maakte daar een plank sarielank.
Hij maakte daar een kast sarielast.
Daar klom een meisje in sarielin.
Ze pakte daar een boek sarieloek.
En weet je wat ze las? Hou je vast!

Er waren eens twee kinderen,
die hielden van elkaar.
Wel honderdtwintig jaar.
Echt waar?
Echt waar sarielaar.

Rije rije rije

Rije rije rije, ik en jij en
jij en ik en ik blijf altijd bij je.

Is het vuur in de vlam
of de vlam in het vuur?

Is het uur in de tijd
of de tijd in het uur?

Is de lucht in de wind
of de wind in de lucht?

Is de zee in de golf
of de golf in de zee?

Ik denk alle twee.

Is mijn hand in jouw hand
of jouw hand in die van mij?

Ik denk allebei.

Rije rije rije, ik en jij en
jij en ik en ik blijf altijd bij je.

Hartenbakker

Als je muts vol regen is
en het vuur in de oven is koud,

als de mokka droevig smaakt
en alle room lijkt grauw,

als de poffertjes niet poffen,
er staat water in je sloffen
en de aarbeien zijn blauw,

hartenbakker, word toch wakker!

Kijk eens met mijn ogen,
dan neem ik die oren van jou.

Dan zie jij weer hoe lief je bent
en ik hoor dan de hele dag
hoeveel ik van je hou.

En de muis in de koek zoekt een vrouw.

Moet je zien

Moet je zien, dit is mijn kindje,
het woont nu nog op de maan.
Kijk, die slaapmuts en die schoenen
met die belletjes eraan.

Dit is de foto die ze maakten
in het ziekenhuis: Het leeft!
Met een fluit en een viool
– al wat het later nodig heeft.

En soms hoor ik ook een trommel,
katteklop, soms hard, soms zacht.
Het is donker waar mijn kind woont,
waar mijn kind woont is het nacht.

Want het is nog niet geboren,
in mijn buik is alles zwart.
Maar mijn kindje geeft zelf licht
en blaast sterren naar mijn hart.

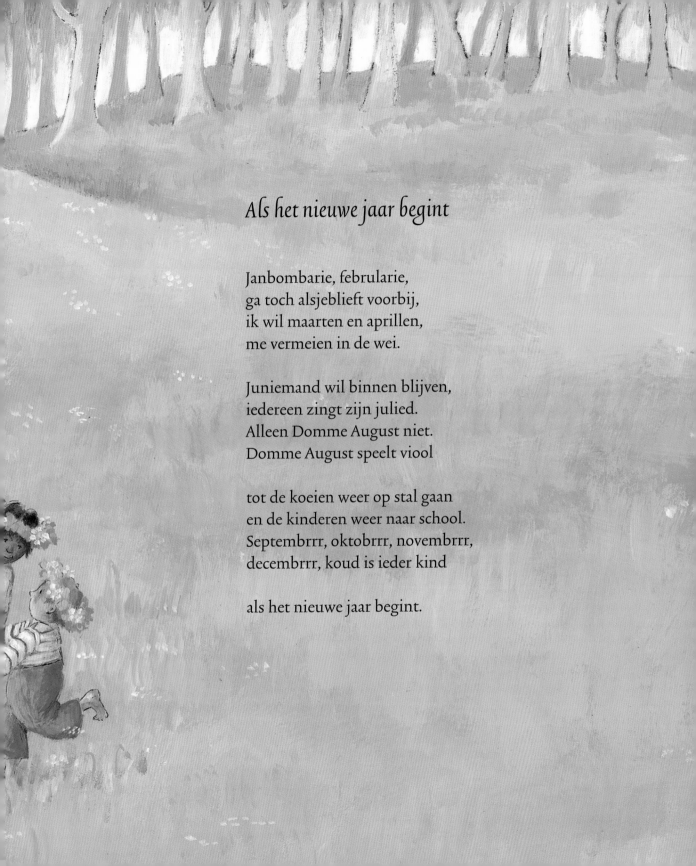

Als het nieuwe jaar begint

Janbombarie, febrularie,
ga toch alsjeblieft voorbij,
ik wil maarten en aprillen,
me vermeien in de wei.

Juniemand wil binnen blijven,
iedereen zingt zijn julied.
Alleen Domme August niet.
Domme August speelt viool

tot de koeien weer op stal gaan
en de kinderen weer naar school.
Septembrrr, oktobrrr, novembrrr,
decembrrr, koud is ieder kind

als het nieuwe jaar begint.

Kus

Zes dagen werken
één dag rust
twaalf vieze handen
dan een kus

rond op je mond
smoor op je oor
mals in je hals
lang op je wang
traan in mijn oog

zes dagen werken
één dag rust
twaalf vieze handen
dan een kus

een op de steen
twee bij de zee
drie ga toch niet
vier op de pier
vijf blijf toch hier

zes dagen werken
één dag rust
twaalf hoge golven
breng hem terug.

Kockanje

En we varen over zee
naar Kockanje, naar Kockanje,
want daar wonen zoete meisjes
die naar drop smaken en ijsjes.

Hun neusjes zijn van koek, zo zoet
dat je er wel in bijten moet.
Hun mondjes zijn van bessen rood.
Hun hals van zondags wittebrood.
Hun oogjes zijn van appelstroop,
voor anderhalve cent te koop.
Hun oortjes zijn van marsepein.
Zo moesten alle meisjes zijn.

Ja, de meisjes van Kockanje
zijn van snoepgoed, daarvan kan je
eten tot je niets meer lust.
Uitgesnoept en uitgekust.

Tierelieboem

Een twee drie vier vijf zes zeven,
wie zal ik een kusje geven?
Tierelieboem, wat een zoen!

En we stoeien, en we groeien
samen in het grote bed.
Ik zeg het maar, dan weet je het:

Als we groot zijn, als we bloot zijn
en we moeten vrijen,
ik blijf altijd bij je.

Droom

Wat gaan we hard! Hartstikke snel! Snelweg in de lucht.
Luchtpiraat! Raad hoe ik heet. Hete Bliksem, Kale Neet? Nee, ik
ben de Heks van Paas. Paas van kip en ei en haas. Haast kukel ik,
haast val ik om. Ommelet. Let op! Opzij! Zij willen de haan voorbij! Bij de kat linksaf.

Af en toe word ik zo moe, moeder, van mijn dromen. Dromen,
stop! Stophoest. Hoest nou? Nou hoor! Hoor mijn hartje tikt,
tikt van schrik. Ik, ik, ik, ik... Ik wil naar mijn bedje toe. Toe nou!
Nou moe! Moeder, voor ik val. Val maar in je bedje, lieverd, want
daar ben je al.

Rozenmond slaap zacht

Zoetelief bloem in een brief,
schattebout vuur in het hout,
suikerhart licht in het zwart,
licht van troost wind uit oost,
rozenmond slaap zacht.

Lieveling, ik houd de wacht
als de boeman en kornuiten
rammelen aan onze ruiten.
Als de helleruiters komen
door de schoorsteen in je dromen,
lieveling, ik houd de wacht.

Rozenmond slaap zacht,
licht van troost wind uit oost,
suikerhart licht in het zwart,
schattebout vuur in het hout,
hartendief bloem in een brief.

De eerste dag van maart

Als de taart valt op de poes
en de poes springt door het raam
en het glas breekt en de wind
steekt op en steelt ons kind
en draagt het naar de maan,

dan speel jij je eigen liedje
en ik speel mijn eigen liedje
dat we speelden toen we trouwden
op de eerste dag van maart
en jij bakt een nieuwe taart.

Bokkenwagen

Jij kijkt naar voren,
ik kijk achterom,
ik kijk naar wat geweest is,
jij kijkt naar wat nog komt.

Ik blijf altijd bij jou,
jij blijft altijd bij mij,
de i ben ik, jij bent de j,
en wij, wij twee,
wij zijn de ij
in blijf en altijd en in bij
en we rijden op een bokkenwagen
door de tijd.

Jij kijkt naar voren,
naar wat we willen weten,
en ik, ik heb een hamertje
om stuk te slaan
wat wij willen vergeten.

Een boot van citroen

Mijn schoentje, mijn sokje,
mijn knietje, mijn rokje,

mijn navel, mijn hart: katteklop.
Mijn nekkie en daar bovenop

de slaap die gaat komen.
Ik vaar door mijn dromen,

waar altijd weer ons liedje klinkt
op een boot van citroen die nooit zinkt.

Mijn schoentje, mijn sokje,
mijn knietje, mijn rokje,

mijn navel, mijn hart: katteklop.
Ik sta morgenochtend weer op.

Ik blijf altijd bij je

Als de kleinkinderen rijden
op het oude schommelpaard
dat je altijd hebt bewaard
op de zolder van het huis
waarin wij woonden,

en wij kijken hoe ze rijden,
jij en ik en ik en jij en
ik blijf bij je, ik blijf bij je
tot het einde van de tijd.

En daarna nog een kwartiertje,
op de drempel, wat staan kletsen
en een zoen, tierelieboem,

dank je, voor de gezelligheid.
Dank je voor de gezelligheid.

Lieve jongen. Lieve meid.

Standbeeldje

Ik zal je pakken, zegt de eekhoorn en hij komt van zijn tak.
Ik zal je pakken, zegt de uil. Ik zal je pakken, zegt de slak.
Ik zal je pakken, zegt de ree. Ik zal je pakken, zegt haar jong.
Ik zal je pakken, zegt de kikvors en hij maakt me toch een sprong!

Ik zal je pakken, zegt de haas en danst op één poot door de wei.
Ik zal je pakken, zegt de eland en hij komt steeds dichterbij.
Ik zal je pakken, zegt de vos en hij sluipt door het gras.
Ik zal je pakken, zegt de slang. Ik zal je pakken, zegt de das.

Ik zal je pakken, zegt de egel en zijn stekeltjes gaan staan.
Ik zal je pakken, zegt het kindje met de rode laarsjes aan.
Maar opeens... gaat het vriezen en het land wordt koud en kil.
Alle dieren en hun pootjes, alle kinderen staan stil.

Pakketakke pakketakke pakketakke baf!
Wie beweegt, is af.

Blozen

Ik hou niet zo van bloed,
jij wel?
Ik hou het liever in mijn vel.
Daar zit het goed,
mijn bloed.

Het enige wat ik graag zie
is een klein korstje op mijn knie,
waaraan ik op een luie dag
lang en voorzichtig pulken mag.

Nee, ik wil nooit meer bloeden.
En ik wil nooit meer blozen.
Maar als ik jou zie...
Ja, wat dan?
Dan bloeien alle rozen.

Vaarwel

Hou je hoofd op je schouders,
laat je hart slaan voor ons
en vaarwel, vaarwel, vaarwel!

Hou je navel in het midden,
hou je gat tussen je billen
en vaarwel, vaarwel, vaarwel!

Hou je voeten waterpas,
kom terug zoals je was
voordat je ging, en vaar wel!

Aftelversje

Vier groene bomen
in een paarse wei
wachten op de houthakker
met zijn gouden bijl,
dansen met de nachtegaal
in de maan van mei,
wie de bal niet vangt is dood
- dat ben jij.

Drie groene bomen
in een paarse wei
wachten op de houthakker
met zijn gouden bijl,
dansen met de nachtegaal
in de maan van mei,
wie de bal niet vangt is dood
- dat ben jij.

Twee groene bomen
in een paarse wei
wachten op de houthakker
met zijn gouden bijl,
dansen met de nachtegaal
in de maan van mei,
wie de bal niet vangt is dood
- dat ben jij.

Willem Wilmink

Willem Wilmink zong de liedjes
en de vogels zongen mee.
Alle dichters mogen rijden
op dolfijnen in de zee.
Alle kinderen moeten slapen
als het vuurwerk is gedoofd.
Willem Wilmink op de sterren
blaast de dromen in hun hoofd.

Jij bent altijd bij me

Op twee november gaan we naar buiten,
met trommels en tuba's, violen en fluiten,
dan lopen we samen waar jij hebt gelopen
en zingen de deur van de hemel open.
Voor jou.

Is er een hemel? Daar raden we naar.
En of je ons hoort? We horen elkaar.

Ik weet opeens weer hoe wij samen zongen,
ik met mijn opa, jij met jouw jongen,
van *Kom terug, Lisa* op ons laatste feest.
Ik ben jarenlang niet zo gelukkig geweest als nu.
Met jou.

Gisteren

Ik ben bij mijn oma geweest.
Gisteren.
Ze heeft van oorlog en liefde verteld.
Haar stem ritselde
als blaadjes in de wind.
Ik was gisteren bij haar op bezoek.
Iedereen is een mooi boek.

Tijd

Ik heb een oude klok vol tijd,
vol tijd die is geweest.

Die tijd, die ben ik kwijt,
die is voorgoed voorbij.

O nee! Die is voorgoed van mij.
Want die heb ik beleefd.

WWW.QUERIDOKIND.NL

De auteur ontving voor het schrijven van dit boek een werkbeurs van het
Fonds voor de Letteren.

Sjoerd Kuyper liet zich bij het schrijven van de hier opgenomen gedichten
inspireren door de illustraties van Marit Törnqvist. Een aantal van die illustraties verscheen eerder in *Sagor om Sommaren* (Bonnier Carlsen Bokförlag,
Stockholm, 2003) in *Sagor om Hösten* (Bonnier Carlsen Bokförlag, Stockholm,
2004) en in de serie *Min Skattkammare* (Bokförlaget Natur och Kultur,
Stockholm): *Rida rida ranka* (1997), *Det var en gång* (1998), *Vi äro musikanter* (1999),
I myternas värld (2000), *De fyra årstiderna* (2002), *Läs och lek* (2006).

Omslagillustratie Marit Törnqvist
Vormgeving Brigitte Slangen

ISBN 978 90 451 0656 4 / NUR 290